BOAVENTURA KLOPPENBURG

ESPIRITISMO E FÉ

4ª edição

@editoraquadrante
@editoraquadrante
@quadranteeditora
Quadrante

QUADRANTE

São Paulo
2023

Capa
Provazi Design

Dados Internacionais de Catalogação na Publicação (CIP)

Kloppenburg, Boaventura

Espiritismo e fé / Boaventura Kloppenburg — 4ª ed. — São Paulo: Quadrante, 2023.

ISBN: 978-85-7465-551-2

1.Conceitos de Deus 2. Doutrinas – Espiritismo I. Título
CDD-211

Índice para catálogo sistemático:
1. Conceitos de Deus : Cristianismo 211

QUADRANTE EDITORA
Rua Bernardo da Veiga, 47 - Tel.: 3873-2270
CEP 01252-020 - São Paulo - SP
www.quadrante.com.br / atendimento@quadrante.com.br

SUMÁRIO

A PERPLEXIDADE DOS CATÓLICOS

Mil vezes me pediram para explicar por que a Igreja Católica não aceita o espiritismo.

É a mãe católica, aflita porque o filho ou a filha frequentam sessões espíritas e que deseja saber como deve comportar-se.

É a esposa atribulada com o marido simpatizante da umbanda.

É o viúvo com saudades da falecida, que estaria baixando no centro.

É o doente que indaga se pode aceitar os passes do médium.

É a catequista desarmada diante das perguntas dos alunos.

É o agente de pastoral com um amigo espírita, homem excelente.

É o iludido, alegando que o terreiro tem até nome de santo.

É o tolerante que não se incomoda com a transgressão da lei divina que proíbe a evocação dos mortos.

É o simpatizante que não percebe incompatibilidade alguma entre a doutrina espírita e a fé cristã.

É o curioso que quer conhecer o espiritismo.

É o crítico que quer saber melhor como são as coisas depois da morte.

É o cético para quem todas as religiões são boas.

É o liberal achando que as questões religiosas não se discutem.

É o entusiasmado, encantado com um livro de Chico Xavier.

É o caridoso em visita à creche mantida pelo centro.

É o folclorista para quem o candomblé é uma beleza.

É o neurótico que se deixou persuadir de que deve desenvolver a sua mediunidade.

É o médium que pretende continuar católico e se sente realizado no exercício da caridade mediante o além.

É o oficial da cruzada dos militares espíritas, que se diz guiado por São Maurício.

É o chofer de táxi a meu lado, comentando que Allan Kardec é formidável.

É o sacristão que me explica com entusiasmo a cura de seu amigo que foi ao terreiro.

É a criança a reclamar contra papai que não a deixa ir ao centro.

É o telespectador diante da comovente novela espírita.

É o radiouvinte que escutou a mensagem mediúnica.

É o amigo a acreditar que o espiritismo é só ciência e filosofia, e não religião.

Foi pensando em todos estes meus consulentes que escrevi o presente opúsculo. É apenas um resumo. Informações mais amplas ou críticas mais aprofundadas se encontram na obra maior com o título *Espiritismo. Orientação para os católicos,* publicada pelas Edições Loyola.

Peço ao Divino Espírito Santo que ilumine os que lerem estas páginas, para que vejam e entendam as razões por que o católico não aceita o espiritismo. Redigi-as movido pela caridade pastoral, pela urgência do esclarecimento solicitado por tantos fiéis católicos e pelo desejo de ser ao mesmo tempo claro na exposição, rigoroso na argumentação, lógico na dedução e fiel à doutrina cristã. Seu gênero literário não é de diálogo com os espíritas, que merecem o meu respeito embora deles divirja, mas de orientação para os católicos.

CONVERGÊNCIAS E DIVERGÊNCIAS

Há muitas coisas em comum entre catolicismo e espiritismo. Católicos e espíritas concordam em professar que o mundo não é só matéria; que Deus existe e é eterno, imutável, imaterial, único, onipotente, soberanamente justo e bom; que Deus criou o universo, que abrange todos os seres animados e inanimados, materiais e imateriais; que os seres materiais constituem o mundo visível ou corpóreo e os seres imateriais o mundo invisível dos espíritos; que os valores do espírito são superiores aos da matéria; que o ser humano não é só matéria; que temos uma alma de natureza espiritual; que está alma não morre quando se separa do corpo no momento do desenlace; que depois da morte a nossa alma continua viva e consciente; que a vida depois da morte depende do modo como aproveitamos a vida agora no corpo.

Católicos e espíritas estão de acordo também em afirmar que os falecidos não rompem seus laços com os que ainda vivem nesta terra; que no mundo do além nem todos são iguais; que há espíritos perfeitos que vivem com Deus; que estes espíritos nos podem socorrer e ajudar; que há espíritos imperfeitos e até maus que assim se fizeram por próprio arbítrio; que estes nos podem perturbar e prejudicar.

Católicos e espíritas proclamam e reconhecem a extraordinária figura de Jesus Cristo; que Jesus nos ensinou o caminho do bem e da salvação; que as leis morais do Evangelho são excelentes; que Jesus insistiu principalmente na caridade; que fora da caridade não há salvação; que devemos fazer o bem e fugir do mal; que há pecados e vícios que devem ser evitados; que os pecados devem ser expiados; que a virtude será premiada depois da morte.

Católicos e espíritas aceitam outrossim que os espíritos do além podem manifestar-se ou comunicar-se perceptivelmente conosco. Ambos admitem dois tipos de manifestação dos espíritos: as espontâneas e as provocadas. Por manifestações espontâneas entendem as que têm a sua origem ou iniciativa no além, como foi, por exemplo, o caso que nos é narrado pelo Evangelho de São Lucas (1, 26-8): o anjo Gabriel foi enviado por Deus a Maria de Nazaré para comunicar-lhe que ela seria a mãe de Jesus. Por manifestações provocadas entendem as que têm a sua iniciativa no aquém, como foi, por exemplo, o caso que nos é relatado pelo primeiro livro de Samuel (28, 3-25): a pedido do rei Saul, a necromante de Endor evoca a alma do falecido Samuel, que então comunica ao rei os castigos divinos.

Mas é neste ponto que começa uma primeira divergência fundamental entre católicos e espíritas: os católicos admitem de bom grado as manifestações espontâneas que nos são oferecidas por iniciativa da bondade de Deus, mas consideram divinamente proibidas as manifestações provocadas pelo homem mediante o processo da evocação; e os espíritas transformam precisamente esta evocação dos falecidos em meio principal para as suas novas revelações do além.

O espiritismo se especifica, caracteriza e define por sua prática das manifestações provocadas das almas ou espíritos dos falecidos, para deles receber mensagens ou algum tipo de ajuda. A evocação dos falecidos constitui a essência do espiritismo. Sem a evocação não há espiritismo. E a evocação é a fonte principal de seus conhecimentos específicos ou da sua doutrina.

Há ainda uma segunda discordância fundamental entre católicos e espíritas: a questão da reencarnação. Os católicos creem na unicidade da vida terrestre; e os espíritas anunciam a pluralidade das reencarnações. Este desacordo tem em si tantas consequências lógicas, sobretudo no modo de conceber a salvação eterna, que conduz de fato a dois corpos doutrinários frontalmente discrepantes e opostos entre si de modo irreconciliável.

Em resumo: apesar das numerosas convergências entre católicos e espíritas, há duas palavras que marcam a separação e caracterizam o espiritismo: evocação e reencarnação.

COMO SURGIU O ESPIRITISMO

A prática da evocação dos falecidos para deles receber conhecimentos, chamada também «necromancia» (do grego *nekrós*=falecido e *manteia*=adivinhação), é antiga. Mas o seu aproveitamento sistemático, denominado «espiritismo», vem do século passado.

Surgiu primeiro nos Estados Unidos, em torno dos estranhos acontecimentos de Hydesville com as irmãs Margarida e Catarina Fox, a partir de 1848. Mas já um ano antes, em 1847, aparecia nos Estados Unidos uma obra mediúnica de Andrew Jackson Davis e outra na França, de Louis Alphonse Cahagnet, do grupo dos «magnetizadores» de Paris, que se serviam de «sonâmbulos» (assim eram então denominados os médiuns) para receber revelações do além-túmulo. Em 1856, o mesmo Cahagnet publicava em Paris *Révélations d'outre-tombe,* com mensagens ditadas, segundo pretendia, pelos falecidos Galileu, Hipócrates, Franklin e outros.

Foi neste ambiente interessado no «magnetismo animal» imaginado pelo médico austríaco Franz Anton Mesmer (1733-1815), instalado em Paris desde 1778, que nasceu o «espiritismo». Esta palavra foi proposta por Hippolyte Léon Denizard Rivail (1804-1869), mais conhecido pelo seu pseudônimo de *Allan Kardec,* o codificador sistemático de um tipo especial de espiritismo conhecido também como «kardecismo».

Este é o espiritismo dominante no Brasil.

Allan Kardec (isto é, Denizard Rivail) era de família católica. Com a idade de 10 anos foi enviado a Yverdun, Suíça, ao Instituto de Educação dirigido pelo conhecido pedagogo Pestalozzi, protestante calvinista e liberal, que identificava religião com moralidade. Lá esteve o jovem Rivail até 1822, quando foi a Paris, onde se dedicou então ao ensino e publicou vários livros pedagógicos e didáticos. De boa formação geral e cultural, era metódico, lógico e claro na exposição das suas ideias. Conhecia também o alemão e o inglês e trabalhava como tradutor. Bom matemático, atuou ainda como contabilista. Casou-se em 1826 com Amélie Gabrielle Boudet, nove anos mais velha do que ele e de boa situação financeira. Não teve filhos.

Mas Alan Kardec não era particularmente versado em religião e muito menos em teologia. Em maio de 1855, começou a interessar-se pelo fenômeno das «mesas girantes e falantes», nascido nos Estados Unidos, e aceitou a teoria da presença e atuação de «espíritos» ou almas dos falecidos nos movimentos de mesas, cestas e outros objetos usados pelos «sonâmbulos» dos «magnetizadores». E já dois anos depois, no dia 18 de abril de 1857, publicou O *Livro dos Espíritos.* Este dia 18 de abril de 1857 é considerado pelos espíritas como o dia da fundação do espiritismo.

O *Livro dos Espíritos* é a obra fundamental da codificação da doutrina espiritista, com o seguinte subtítulo: «Princípios da doutrina espírita sobre a imortalidade da alma, a natureza dos espíritos e suas relações com os homens, as leis morais, a vida presente, a vida futura e o porvir da Humanidade — segundo os ensinos dados por espíritos superiores com o concurso de diversos médiuns — recebidos e coordenados por Allan Kardec».

Outra obra básica de Allan Kardec para a prática do espiritismo foi publicada em 1861: *O Livro dos Médiuns,* com o subtítulo «Guia dos médiuns e dos evocadores». Note-se aqui a palavra «evocadores», indicando assim a função determinante da «evocação» para o espiritismo.

Além destes dois livros básicos, Allan Kardec ainda escreveu e publicou *O Evangelho segundo o Espiritismo* (em 1864), que é a sua obra mais difundida no Brasil, já com cerca de dois milhões de exemplares. Publicou também *O Céu e o Inferno* (em 1865) e *A Gênese* (em 1868). Depois da sua morte, em 1869, mais alguns textos inéditos foram publicados como *Obras Póstumas*. Em 1858, Allan Kardec começou a publicar a sua *Revue Spirite* («revista espírita»), que deixou de aparecer com este título em 1976.

O espiritismo codificado por Allan Kardec foi introduzido no Brasil ainda em vida do codificador, a partir de 1865. Em 1884, foi fundada a Federação

Espírita Brasileira (FEB), tendo desde então como órgão oficial a revista *Reformador,* palavra que revela um programa.

O QUE PRETENDE O ESPIRITISMO

Nas *Obras Póstumas* de Allan Kardec encontramos também as suas *Previsões concernentes ao Espiritismo* (pp. 263-336 da 29.ª edição da FEB, que é aqui citada). Nela, Allan Kardec descreve com simplicidade a sua própria iniciação no espiritismo e as «revelações» que foi recebendo, sempre «do além», acerca da sua missão pessoal e dos principais objetivos do movimento por ele suscitado.

No dia 15 de março de 1856, Allan Kardec recebeu a comunicação de ter como «guia espiritual» o próprio Espírito da Verdade, já prometido por Jesus aos Apóstolos no Evangelho segundo São João (16, 12-13): «Tenho ainda muito a vos dizer, mas não podeis agora compreender. Quando vier o Espírito da Verdade, ele vos conduzirá à verdade plena». Tal condução à verdade plena estaria começando então, em 1856, com Allan Kardec*. E no

---

(*) A verdade, porém, é que a promessa de Jesus acerca do Espírito da Verdade não foi tão vaga, para um futuro tão incerto e distante. Jesus se dirigia diretamente aos Apóstolos que estavam com Ele na última Ceia: *Rogarei ao Pai e ele* vos *dará outro Paráclito,* para que convosco permaneça para sempre, *o Espírito da verdade... O Paráclito, o Espírito Santo que o Pai enviará em meu nome, é que* vos *ensinará tudo* e vos *recordará tudo o que vos disse* (Jo 14, 16-17.26). E pouco antes de sua ascensão mandou aos Apóstolos: *Eis que eu* vos *enviarei o que meu Pai prometeu. Por isso permanecei na cidade até serdes revestidos da força do Alto* (Lc 24, 49). E lhes disse ainda: *O Espírito Santo descerá* sobre vós *e dele recebereis força* (At 1, 8). Alguns dias depois, na festa de Pentecostes, quando estavam reunidos na sala

dia 12 de junho de 1856 o Espírito da Verdade lhe teria revelado a sua missão de reformador:

«Previno-te de que é rude a tua missão, porquanto se trata de abalar e transformar o mundo inteiro» (p. 282).

---

de Jerusalém, *de repente veio do céu um ruído semelhante ao de vento impetuoso e encheu toda a casa onde se achavam. E apareceram umas como línguas de fogo, que se distribuíram e foram pousar sobre cada um deles. Todos ficaram cheios do Espírito Santo* (At 2, 1-4). Era a vinda do Espírito da Verdade, bem antes de Allan Kardec. Começou então a vida da Igreja. Ela terá a árdua tarefa de conservar e anunciar a todos os homens, até o fim dos tempos, o que Jesus ensinara em nome do Pai. Realiza-se assim a promessa de Jesus: *Eis que eu estou convosco todos os dias até a consumação dos séculos* (Mt 28, 20). A Igreja cumprirá a sua missão, confortada certamente pela força do Alto e sempre assistida pelo Espírito da Verdade, o Consolador, mas em todo tempo mediante seres humanos, frágeis e limitados por sua natureza. A já bimilenar história da Igreja é rica na descrição destas vicissitudes humanas, de maior ou menor fidelidade, com aflições e dificuldades internas e externas, entre sombras porém com fidelidade substancial.

No dia 15 de abril de 1860, Allan Kardec julga ter recebido (sempre do além) esta mensagem, que define a própria missão do espiritismo como «a verdadeira religião, a religião natural»:

«O Espiritismo é chamado a desempenhar imenso papel na Terra. Ele reformará a legislação ainda tão frequentemente contrária às leis divinas; retificará os erros da História; restaurará a religião de Cristo, que se tornou nas mãos dos padres, objeto de comércio e de tráfico vil; instituirá a verdadeira religião, a religião natural, a que parte do coração e vai diretamente a Deus, sem se deter nas franjas de uma sotaina, ou nos degraus de um altar» (p. 299).

E pouco depois, no dia 30 de setembro de 1863, a comunicação do além pronuncia um veredito sobre a Igreja Católica:

«É chegada a hora em que a Igreja tem de prestar contas do depósito que lhe foi confiado, da maneira por que pratica os ensinos de Cristo, do uso que fez da sua autoridade, enfim, do estado de incredulidade a que levou os espíritos. A hora é vinda em que ela tem de dar a César o que é de César e de assumir a responsabilidade de todos os seus atos. Deus a julgou, e a reconheceu inapta, daqui por diante, para a missão de progresso que incumbe a toda autoridade espiritual. Somente por meio de uma transformação absoluta lhe será possível viver; mas resignar-se-á ela a essa transformação? Não, pois que então já não seria a Igreja; para assimilar as verdades e as descobertas da Ciência*, teria de renunciar aos dogmas que lhe servem de fundamentos; para volver à prática rigorosa dos preceitos do Evangelho, teria de renunciar ao poder, à dominação, de trocar o fausto e a púrpura pela simplicidade e a humildade apostólicas. Ela se acha nesta alternativa: ou se suicida, transformando-se; ou sucumbe nas garras do progresso, se permanecer estacionária» (p. 310 s.).

E assim o espiritismo se considera como sendo a «terceira revelação».

(*) O espiritismo nasceu, em meados do século passado, num ambiente de mentalidade cientificista que pretendia explicar todos os fenômenos espirituais por meio de «fluidos», «éter», «eletricidade», «magnetismo» etc. Considera-se, portanto, uma doutrina «científica». Tanto essa mentalidade, porém, quanto a terminologia estão hoje totalmente superadas, não encontrando mais aplicação nem na biologia nem na psicologia modernas.

A primeira, assim dizem, veio por Moisés; a segunda, por Jesus Cristo; e a terceira, através dos «espíritos», principalmente do Espírito da Verdade, o Consolador prometido por Jesus. Allan Kardec descreve tudo isso amplamente no capítulo primeiro de *A Gênese,* concluindo no n.º 42:

«O Espiritismo realiza todas as promessas de Cristo a respeito do *Consolador* anunciado. Ora, como é o *Espírito de Verdade* que preside ao grande movimento da regeneração, a promessa da sua vinda se acha por essa forma cumprida, porque, de fato, é ele o verdadeiro *Consolador*».

No discurso pronunciado em 1.º de novembro de 1863, Allan Kardec apresentou um resumo da doutrina espírita, terminando com estas palavras:

«Eis o Credo, a religião do espiritismo, religião que pode conciliar-se com todos os cultos, isto é, com todas as maneiras de adorar a Deus. Esse é o laço que deve unir todos os espíritas numa santa comunhão de pensamentos, enquanto se espera que ele ligue todos os homens sob a bandeira da fraternidade universal».

Tal é também a convicção que anima o espiritismo no Brasil. A Federação Espírita Brasileira, por seu Conselho Nacional, em sua reunião de 5 de julho de 1952, declarou oficialmente e por unanimidade: «O Espiritismo é Religião sem ritos, sem liturgia e sem sacramentos». E em outra oportunidade fez saber:

«Os espíritas do Brasil, reunidos no II Congresso Espírita Internacional

Panamericano, com expressões de maior respeito à liberdade de pensamento e de consciência, afirmam que, no Brasil, a Doutrina Espírita, sem prejuízo de seus aspectos científicos e filosóficos, é fundamentada no Evangelho de Cristo, certo de ser o Consolador Prometido de que nos falam aqueles mesmos Evangelhos. Por isso é que nós outros, que vivemos no Brasil, ligados à Doutrina Espírita, consideramo-la *a Religião*».

A DOUTRINA ESPÍRITA E A MENSAGEM CRISTÃ

No Brasil, o movimento criado por Allan Kardec é mantido e divulgado pela Federação Espírita Brasileira, que o propõe sistematicamente não apenas como «a religião», mas também como «espiritismo cristão». Seu órgão oficial, *Reformador,* que começou em 1883, então como «órgão evolucionista», apresenta-se agora no subtítulo como «Revista do Espiritismo Cristão». No fascículo de março de 1981, em artigo sobre a missão do Consolador, chega a esta conclusão:

«É missão, pois, do Espiritismo devolver ao Cristianismo a sua pureza original, libertando-o dos dogmas e das ideias humanas nele introduzidos» (p. 85).

Para entender tão radical operação libertadora, é necessário comparar a doutrina espírita com a mensagem cristã, aos menos em seus elementos fundamentais.

A Revelação divina

Para a generalidade dos cristãos de todos os tempos, sejam eles católicos, ortodoxos ou protestantes, os livros da Sagrada Escritura são divinamente inspirados. É um princípio inconcusso («dogma») dos cristãos.

No credo espírita de Allan Kardec não entra este ponto fundamental. Jamais o afirma em nenhuma de suas obras. Mas com frequência se compraz em mostrar o que ele considera absurdos e contradições da Bíblia. No *Reformador*, janeiro de 1953, p. 23, encontramos bem definida a posição dos nossos espíritas perante a Bíblia:

«Do Velho Testamento já nos é recomendado somente o Decálogo e do Novo Testamento apenas a moral de Jesus; já consideramos de valor secundário, ou revogado e sem valor algum, mais de 90% do texto da Bíblia. Só vemos na Bíblia toda um livro respeitável pelo seu valor cultural, pela força que teve na formação cultural dos povos do Ocidente».

Alguns conceitos de Allan Kardec sobre a existência de Deus e seus atributos coincidem com a doutrina cristã. Várias vezes se refere em seus livros ao panteísmo* para rejeitá-lo. Outras vezes, porém, usa expressões de sabor panteísta. Assim quando diz que ignoramos se a inteligência é uma «emanação da Divindade»; quando descreve o «fluido universal» em termos panteístas; ou quando esclarece que os espíritos «se acham mergulhados no fluido divino», etc.

Já Leão Denis, outro patriarca do espiritismo, resvala para um evidente

---

(*) Sistema filosófico que nega a distinção entre o Criador e a criatura e afirma que «tudo é Deus» ou «Deus é tudo».

monismo panteísta. Segundo o seu modo de falar, «Deus é a grande alma universal, de que toda alma humana é uma centelha, uma irradiação. Cada um de nós possui, em estado latente, forças emanadas do divino Foco» (*Cristianismo e Espiritismo,* 5.ª ed., p. 246). Fala com frequência de Deus como «divino Foco», «supremo Foco do Bem e do Belo», «o grande Foco divino», etc.

Também em outra obra sua, *Depois da Morte,* 6.ª ed., voltam expressões panteísticas: «Deus é infinito e não pode ser individualizado, isto é, separado do mundo, nem subsistir à parte» (p. 114); ou: «O Ser supremo não existe fora do mundo, porque este é a sua parte integrante e essencial» (p. 124). Em vez do «Deus fantástico da Bíblia», ele quer o «Deus imanente, sempre presente no seio das coisas» (p. 213): «O Universo não é mais essa criação, essa obra tirada do nada de que falam as religiões. É um organismo imenso animado de vida eterna» (p. 123); e em seguida explica que Deus está para o Universo como a alma para o corpo: «O eu do Universo é Deus» (p. 349).

A Santíssima Trindade

Todos os cristãos — católicos, ortodoxos e protestantes — professam a sua fé na Santíssima Trindade. É o mistério central da fé e mensagem cristã, desde os primórdios do cristianismo. Mas o credo espírita proposto por Allan Kardec desconhece totalmente a Santíssima Trindade. A posição de Allan

Kardec, no conjunto de suas obras, é de absoluto e sistemático silêncio com relação a esta doutrina cristã.

Seu silêncio era apenas oportunista. Na realidade, no seu sistema de pensamento não cabia este mistério cristão, não só porque para ele «absolutamente não há mistérios», mas porque não há lugar para uma intensa vida divina intratrinitária, dado que, segundo ele, um Deus que não criasse incessantemente, desde toda a eternidade, seria um Deus solitário e ocioso.

Já Leão Denis, em *Cristianismo e Espiritismo,* p. 74, abre a sua crítica aos nossos principais dogmas com estas palavras: «Começa com a estranha concepção do Ser divino, que se resolve no mistério da Trindade». Depois explica: «A noção da Trindade, colhida numa lenda hindu que era a expressão de um símbolo, veio obscurecer e desnaturar essa alta ideia de Deus... Essa concepção trinitária, tão incompreensível, oferecia, entretanto, grande vantagem às pretensões da Igreja. Permitia-lhe fazer de Jesus Cristo um Deus» (p. 75).

No Brasil, o espiritismo em peso ou desconhece ou nega a Santíssima Trindade.

A doutrina sobre Jesus

Professam os cristãos que Jesus era verdadeiramente Deus e verdadeiramente homem. A afirmação da divindade de Jesus é fundamental para a fé cristã. Mas este Jesus não entra no credo espírita formulado por Allan

Kardec. Ele nos deixou nas suas *Obras Póstumas* um estudo sobre a natureza de Jesus, de 41 páginas, todo ele orientado para provar que Jesus não era Deus.

Nos dias de Allan Kardec, surgiu um advogado de Bordéus chamado João Batista Roustaing, que teve o seu primeiro contato com o espiritismo em 1861 e em 1865 publicou a sua obra: *Espiritismo Cristão ou Revelação da Revelação,* em três volumes. Sua tese central: o corpo de Jesus não era real, de carne e osso, mas aparente e meramente fluídico.

No Brasil, a Federação Espírita, desde a sua fundação, propaga a obra de Roustaing. Guillon Ribeiro, que foi presidente da Federação e tradutor das obras de Allan Kardec, compendiou a cristologia espírita no título que deu ao livro: *Jesus nem Deus nem homem.*

A doutrina sobre a redenção

E pelo sangue de Jesus Cristo que temos a redenção, a remissão dos pecados, segundo a riqueza da sua graça que ele derramou profusamente sobre nós, explicava o Apóstolo aos Efésios (1, 7). A nossa redenção pela paixão, morte e ressurreição de Jesus é outra verdade fundamental da fé cristã. Nisso consiste propriamente a «boa nova» ou o «evangelho».

Mas nem esta verdade tão central entra no credo espírita de Allan Kardec. Segundo ele, cada um deve ser o seu próprio redentor através do sistema das reencarnações. Por isso, no espiritismo a soteriologia (ou doutrina sobre a redenção ou salvação do homem) é deslocada da cristologia para a antropologia.

Leão Denis o enuncia cruamente quando escreve: «Não, a missão de Cristo não era resgatar com o seu sangue os crimes da Humanidade. O sangue, mesmo de um Deus, não seria capaz de resgatar ninguém. Cada qual deve resgatar-se a si mesmo, resgatar-se da ignorância e do mal. É o que os espíritos, aos milhares, afirmam em todos os pontos do mundo» (*Cristianismo e Espiritismo,* p. 88).

A doutrina sobre a Igreja

«Creio na Igreja, una, santa, católica e apostólica». É a profissão cristã.

Nem esta profissão entra no credo espírita.

Com a negação da doutrina cristã sobre a redenção e santificação dos homens, contestam-se consequentemente também todos os meios instituídos por Jesus Cristo para a salvação e santificação.

A começar pelo Batismo. Jesus mandou aos Apóstolos ir pelo mundo inteiro, ensinar a todos tudo quanto Ele lhes ordenara, batizando-os *em nome do Pai e do Filho e do Espírito Santo* (Mt 28, 19-20), esclarecendo: *Aquele que crer e for batizado será salvo; o que não crer será condenado* (Mc 16, 16). No Brasil, os espíritas, fiéis à doutrina codificada por Allan Kardec, já não batizam nem fazem batizar os seus filhos. Nem teria sentido. Pois é pelas reencarnações que os homens devem alcançar a perfeição.

Na última Ceia, Jesus instituiu a Eucaristia e ordenou aos Apóstolos: *Fazei isto em minha memória* (Lc 22, 19). Mas os espíritas não o fazem. Nem teria sentido. Pois, segundo eles, o mistério pascal não tem valor de sacrifício pelos pecados dos homens.

Jesus disse aos Apóstolos: *Aqueles a quem perdoardes os pecados, ser-lhes-ão perdoados* (Jo 20, 23). Mas os espíritas não procuram receber o perdão divino que lhes é generosamente oferecido. Nem teria sentido. Pois somente mediante as reencarnações se alcança o perdão.

Jesus disse a Pedro: *Tu és Pedro e sobre esta pedra edificarei a minha Igreja e as portas do inferno não prevalecerão contra ela. Eu te darei as chaves do Reino dos céus e o que ligares na terra será ligado nos céus e o que desligares na terra será desligado nos céus* (Mt 16, 18-19). Mas os espíritas não dão nenhuma importância nem a Pedro e seus sucessores, nem à Igreja que Jesus dizia ser «sua», nem ao poder das chaves que o Senhor Jesus entregou ao chefe do Colégio apostólico.

Jesus declarou aos Apóstolos: *Quem vos ouve a mim me ouve, quem vos despreza a mim me despreza, e quem me despreza, despreza aquele que me enviou* (Lc 10, 16). Para os espíritas, tudo isso já está superado. Pois eles vão receber as orientações dos espíritos que baixam em seus centros ou terreiros.

Proclamando a nulidade dos Sacramentos, quer Allan Kardec que o espiritismo não tenha «nem culto, nem rito, nem templos». E a Federação Espírita Brasileira declarou por unanimidade, como vimos, que o espiritismo é religião «sem ritos, sem liturgia e sem sacramentos». Proclama-se assim a total inutilidade da Igreja, que será substituída pelo espiritismo.

E não seria difícil continuar a lista das negações. Assim, para dar apenas mais alguns exemplos, o espiritismo:

— nega a criação da alma humana;

— recusa a união substancial de corpo e alma;

— afirma que não há anjos nem demônios;

— repudia os privilégios de Maria Santíssima;

— não admite o pecado original;

— contesta a graça divina;

— rejeita a unicidade da vida humana terrena;

— ignora o juízo particular depois da morte;

— não concede a existência do purgatório;

— ridiculariza o inferno;

— reprova a ressurreição da carne;

— e desdenha o Juízo Final.

Em uma palavra: renuncia a todo o Credo cristão.

Razão tinha a Conferência dos Bispos do Brasil quando, em 1953, declarava que o espiritismo é no Brasil o desvio doutrinário «mais perigoso», já que «nega não apenas uma ou outra verdade da nossa santa Fé, mas todas elas, tendo, no entanto, a cautela de dizer-se cristão, de modo a deixar em católicos menos avisados a impressão erradíssima de ser possível conciliar catolicismo com espiritismo».

Abundantes são, pois, os motivos por que o católico não aceita o espiritismo. Pode-se mesmo afirmar que o espiritismo não é cristão.

A PROIBIÇÃO DIVINA DA EVOCAÇÃO

Vimos que a evocação ou a manifestação provocada das almas dos falecidos, que são os «espíritos» do espiritismo, especifica, caracteriza e define o movimento suscitado por Allan Kardec. Sem evocação não há espiritismo. A evocação é a base da doutrina codificada por Allan Kardec.

Entretanto, a evocação não foi inventada por Allan Kardec. A sua prática já era conhecida nos tempos do Antigo Testamento. As gentes no meio das quais vivia o povo judeu a conheciam e praticavam abundamentemente. Mas o próprio Deus proibiu então severamente a evocação. Os textos são abundantes. Basta ler Êxodo 22, 17; Levítico 19, 31; Levítico 20, 6; Levítico 20, 27; Deuteronômio 18, 10-14; 2 Reis 17, 17; 2 Reis 21, 6; Isaías 8, 19-20 e, de maneira particular, 1 Samuel 28, 3-25.

Vejamos Deuteronômio 18, 10-14: *Que em teu meio não se encontre alguém que faça presságios, oráculos, adivinhações ou magia, ou que pratique encantamentos, interrogue espíritos ou adivinhos, ou evoque os mortos; pois quem pratica essas coisas é abominável a Iahweh, e é por causa dessas abominações que Iahweh teu Deus os desalojará em teu favor. Tu serás íntegro para com Iahweh teu Deus. Eis que as nações que vais conquistar ouvem os oráculos e adivinhos. Quanto a ti, isso não te é permitido por Iahweh teu Deus.*

A proibição divina é clara, repetida, enérgica e severíssima.

Este mandamento divino não foi revogado na Nova Aliança. Basta ler Atos dos Apóstolos 13, 6-12; 16, 16-18; 19, 11-20. Neste último texto, descreve-se a atividade e a pregação de Paulo em Éfeso, com um resultado surpreendente: *Muitos daqueles que haviam crido vinham-se confessar e revelar as suas práticas. Grande número dos que se haviam dado à magia amontoavam os seus livros e os queimavam na presença de todos. E estimaram o valor deles em cinquenta mil peças de prata.* Deviam ser muitos os livros de magia! O fato de eles terem queimado esses livros só se explica se admitirmos que o Apóstolo falou fortemente contra tais práticas.

Na carta aos Gálatas (5, 20-21), declara o mesmo Apóstolo que os que se entregam à magia *não herdarão o Reino de Deus*. E São João, no Apocalipse, revela que a parte dos magos se encontra no lago de fogo e enxofre (21, 8); e que, na hora do julgamento, eles ficarão de fora da Cidade eterna (22, 15).

Posteriormente, a Igreja sempre se manteve fiel a esta rigorosa interdição divina de evocar os falecidos. No último Concílio, o Vaticano II, na Constituição *Lumen Gentium* (1964), temendo que a doutrina sobre a nossa comunicação espiritual com os falecidos pudesse dar azo a interpretações do tipo espiritista, acrescentou ao texto a nota n.º 2 «contra qualquer forma de evocação dos espíritos», coisa que, segundo esclareceu a Comissão teológica responsável pela redação do texto, nada tem a ver com a «sobrenatural comunhão dos santos».

A Comissão definia então mais claramente, o que se proíbe: «A evocação pela qual se pretende provocar, por meios humanos, uma comunicação perceptível com os espíritos ou almas separadas, com o fim de obter mensagens ou outros tipos de auxílio».

É exatamente isso o que o espiritismo pretende fazer.

O Concílio Vaticano II remete-nos então a vários documentos anteriores da Santa Sé, principalmente à declaração de 4 de setembro de 1856 e à resposta de 24 de abril de 1917. Na declaração de 4 de agosto de 1856, precisamente quando o católico Allan Kardec se iniciava na arte da evocação, era repetida a interdição de «evocar as almas dos mortos e pretender receber as suas respostas».

No documento de 24 de abril de 1917 também se declarava ilícito «assistir a sessões ou manifestações espiritistas, sejam elas realizadas ou não com o auxílio de um médium, com ou sem hipnotismo, sejam quais forem estas sessões ou manifestações, mesmo que aparentemente simulem honestidade ou piedade; quer interrogando almas ou espíritos, ou ouvindo-lhes as respostas, quer assistindo a elas com o protesto tácito ou expresso de não querer ter qualquer relação com espíritos malignos».

Esta é a orientação oficial da Igreja.

Mas a Igreja, por seu magistério oficial, nunca se pronunciou nem sobre a verdade histórica ou autenticidade, nem sobre a natureza, nem sobre a causa dos fenômenos mediúnicos ou próprios do espiritismo. Por isso:

a) nenhuma das várias interpretações propostas sobre a natureza ou a causa dos fenômenos mediúnicos — nem mesmo a interpretação espírita — foi censurada, rejeitada ou condenada oficialmente pela Igreja;

b) não corresponde à verdade dizer que a Igreja endossa oficialmente a interpretação que vê nos fenômenos mediúnicos uma intervenção preternatural do diabo;

c) jamais a Igreja proibiu o estudo ou a investigação científica dos fenômenos mediúnicos. O católico não está absolutamente proibido de estudar a metapsíquica ou a parapsicologia.

O que a Igreja faz, fez e continuará a fazer, por ser esta a sua missão específica, é recordar o mandamento divino que proíbe evocar os falecidos ou outros espíritos quaisquer. Esta proibição vem de Deus, não da Igreja, que não tem nem autoridade nem competência para modificar ou revogar uma lei, determinação ou proibição divina.

Para resolver a questão *moral* da prática do Espiritismo, pouco importa saber se os espíritas de fato conseguem ou não evocar espíritos em suas sessões; pois se o conseguem, não há dúvida a respeito da evocação e, por conseguinte, da desobediência; se não o conseguem, é certo que eles têm ao menos a *intenção,* o propósito ou a vontade deliberada de evocar e, portanto, de transgredir um mandamento divino. E isto basta para um pecado formal.

É necessário observar também a diferença fundamental entre *invocação* e *evocação:* está sempre pretende uma comunicação perceptível provocada por iniciativa do homem; aquela é apenas uma forma de prece ou súplica. E é evidente que a invocação é um ato bom e cristão, expressão da comunhão dos santos.

JESUS REJEITA A REVELAÇÃO MEDIANTE FALECIDOS

Por que tão rigorosa interdição? Não poderíamos ser positivamente ajudados pela instrução dos falecidos? Ou quererá Deus deixar-nos na ignorância acerca dos acontecimentos depois da morte?

O próprio Jesus nos deu a resposta na parábola do pobre Lázaro e do rico epulão (cf. Lc 16, 19-31). Ambos morrem e são julgados, cada um de acordo com a vida que levou nesta terra. Lázaro *foi levado pelos anjos ao seio de*

Abraão, isto é, ao céu. O rico avarento é condenado ao inferno.

A diferença entre os dois após a morte é grande. O falecido rico gozador implora: *Pai Abraão, tem piedade de mim e manda que Lázaro molhe a ponta do dedo para me refrescar a língua, pois estou torturado nesta chama.*

Mas a separação entre ambos é definitiva e a comunicação impossível. A resposta do céu é clara e dura: *Entre vós e nós existe um grande abismo, de modo que aqueles que quiserem passar daqui para junto de vós não o podem, nem tampouco atravessarem os de lá até nós* (v. 26).

O falecido epulão insiste no seu pedido com uma proposta filantrópica: *Pai, eu te suplico, envia então Lázaro até a casa de meu pai, pois tenho cinco irmãos; que ele os advirta, para que não venham eles também para este lugar de tormento.*

Era uma sugestão que parecia muito boa. Estabelecer-se-ia um útil intercâmbio entre os do além, com seus novos conhecimentos, e os da terra, sempre necessitados de esclarecimento e orientação. No entanto, a resposta do céu é seca: *Eles têm Moisés e os Profetas; que os ouçam!* (v. 29).

Mas o proponente insiste, com uma justificação: *Não, pai Abraão, se alguém dentre os mortos for procurá-los, eles se converterão.* A razão parece óbvia. É a solução proposta também pelos atuais movimentos espiritistas. Se é verdade que as almas dos falecidos sobrevivem conscientemente e que elas continuam solidárias conosco, afirmações que são corroboradas pela Bíblia e ensinadas pela Igreja católica, por que não poderia o Criador escolher esta via para trazer revelações úteis do além? A resposta do céu, entretanto, segundo Jesus, é sem rodeios: *Se não escutam nem Moisés nem os Profetas, mesmo que alguém ressuscite dos mortos não se convencerão* (v. 31).

É a rejeição pura e simples da via espiritista.

Deus certamente *quer que todos os homens sejam salvos e cheguem ao conhecimento da verdade* (1 Tm 2, 4). Ele não quer deixar-nos na ignorância. Mas o Criador dos homens escolheu outra via para instruir-nos sobre o sentido da vida e o destino eterno. Na Constituição dogmática *Dei Verbum,* de 1965, o Concílio Vaticano II resume assim, no n.º 2, o plano divino da revelação:

«Aprouve a Deus, na sua bondade e sabedoria, revelar-se a si mesmo e tornar conhecido o mistério de sua vontade (cf. Ef 1, 9), pelo qual os homens, por intermédio de Cristo, Verbo feito carne, e no Espírito Santo, têm acesso ao Pai e se tornam participantes da natureza divina. Mediante esta revelação, portanto, o Deus invisível, levado por seu grande amor, fala aos homens como a amigos (cf. Ex 33, 11; Jo 15, 14-15), e com eles se entretém para os convidar à comunhão consigo e nela os receber. Este plano de revelação se concretiza através de acontecimentos e palavras intimamente conexas entre si, de forma que as obras realizadas por Deus na história da salvação manifestam e corroboram os ensinamentos e as realidades significadas pelas palavras.

Estas, por sua vez, proclamam as obras e elucidam o mistério nelas contido. No entanto, o conteúdo profundo da verdade, seja a respeito de Deus seja da salvação do homem, se nos manifesta por meio dessa revelação em Cristo, que é ao mesmo tempo mediador e plenitude de toda a revelação».

Deste plano de revelação estão excluídos os falecidos. Depois de Moisés e dos Profetas, Deus nos enviou o seu Filho, o Verbo eterno que ilumina todos os homens, para que habitasse entre os homens e lhes expusesse os segredos de Deus (cf. Jo 1, 1-18). Com Jesus recebemos a plenitude da revelação necessária para a nossa salvação.

Ele se apresenta a si mesmo com uma declaração solene: *Eu sou o caminho, a verdade e a vida* (Jo 14, 6).

Ele está *cheio de verdade* (Jo 1, 14).

Nele se acham escondidos todos os tesouros da sabedoria e do conhecimento (Cl 2, 3).

Ele é pessoalmente o anunciado e prometido Emanuel, Deus-com-os-homens.

Ele é para nós como a Nuvem luminosa do Êxodo: *Eu sou a luz do mundo. Quem me segue não andará nas trevas, mas terá a luz da vida* (Jo 8, 12).

Ele é a luz das gentes (Lc 2, 32), o Sol nascente que ilumina os que estão nas trevas (Lc 1, 78-79).

Eu, a luz, vim ao mundo para que aquele que crê em mim não permaneça nas trevas (Jo 12, 46).

Não necessitamos perturbar o repouso dos falecidos (cf. 1 Sm 28, 15). O Concílio Vaticano II, n a citada

Constituição *Dei Verbum* (n. 4b), garante-nos que «a economia cristã, como aliança nova e definitiva, jamais passará, e já não há que esperar nenhuma nova revelação pública antes da gloriosa manifestação de nosso Senhor Jesus Cristo (cf. 1 Tm 6, 14; Tt 2, 13)».

Não haverá «terceira revelação».

O espiritismo, que pretende ser precisamente essa «terceira revelação», não só não entra nos planos de Deus Revelador, mas se opõe à economia divina.

A HERESIA DA REENCARNAÇÃO

A suposição da reencarnação ou da pluralidade das existências, chamada também palingenesia, é certamente o ponto central de toda a doutrina espírita. Allan Kardec chega a dizer que é um «dogma» (*O Livro dos Espíritos,* ns. 171 e 222).

Todo o seu pensamento gira em torno das vidas sucessivas. O progresso contínuo através da reencarnação, da «metensomatose», como diria Platão, é o seu postulado básico. Se riscarmos de suas obras a reencarnação, sobrarão apenas cacos sem valor. Depois da sua morte, em 1870, seus amigos fizeram gravar no monumental dólmen do cemitério Pere-Lachaise, em Paris, o apotegma que resume a sua doutrina: «Nascer, morrer, renascer de novo e progredir sem cessar: esta é a lei».

A palavra «reencarnação», composta do prefixo *re* (designativo de repetição) e do verbo *encarnar* (tomar corpo), significa etimologicamente: tornar a tomar corpo. Designa a ação do ser espiritual (espírito ou alma) que, tendo já animado um corpo no passado, foi posteriormente dele separado pela morte e agora torna a informar ou vivificar um corpo novo.

Escreve Allan Kardec que «o princípio da reencarnação ressalta de muitas passagens das Escrituras, achando-se especialmente formulado, de modo explícito, no Evangelho» (*O Livro dos Espíritos,* n. 222). Opina mesmo que «sem o princípio da preexistência da alma e da pluralidade das existências, são ininteligíveis, em sua maioria, as máximas do Evangelho» (O *Evangelho segundo o Espiritismo,* 39.ª ed., p. 72).

O vocábulo «rencarnação» não ocorre nos Evangelhos. O mais importante, porém, não é a palavra e sim a doutrina acerca da reencarnação, que pode ser compendiada nestas quatro proposições:

1.ª Pluralidade das existências: a nossa vida atual não é a primeira nem será a última existência corporal; já vivemos e ainda teremos que viver inúmeras vezes em corpos materiais sempre novos.

2.ª Progresso contínuo para a perfeição: a lei do progresso impele a alma para sempre novas vidas e não permite não só nenhum regresso, mas nem mesmo um estacionamento definitivo a meio caminho, e muito menos comporta um estado definitivo de condenação sem fim (inferno): mais século, menos século, todos chegarão à perfeição final de espírito puro.

3.ª Conquista da meta final por méritos próprios: em cada nova existência, a alma avança e progride na proporção dos seus esforços; todo o mal cometido será reparado com expiações pessoais, sofridas pelo próprio espírito em novas e difíceis encarnações (lei do carma).

4.ª Definitiva independência do corpo: na proporção em que avança na incessante conquista para a perfeição final, a alma, em suas novas encarnações, assumirá um corpo sempre menos material, até chegar ao estado definitivo, em que viverá, para sempre, livre do corpo e independente da matéria.

Sem estes quatro princípios, não há reencarnação. Quem proclama a reencarnação também afirma a pluralidade das existências terrestres, sustenta o progresso contínuo para a perfeição, garante a conquista da meta final por méritos próprios e defende uma vida definitiva independente da matéria.

Mas quem nega estes pontos, quem contesta as vidas sucessivas do homem sobre a terra, a marcha irreprimível e certa para o fim supremo, a necessidade de adquirir a perfeição final só por esforços pessoais e a definitiva independência da matéria, recusará também a ideia da reencarnação.

Por conseguinte, para sabermos se Jesus foi reencarnacionista, teremos o seguinte critério: basta verificar se aceitou ou não aqueles pontos. Daí surgem quatro indagações.

Pluralidade de existências?

Ensinou Jesus a pluralidade das vidas terrestres?

Quem conhece, lê e medita habitualmente as sagradas páginas do Evangelho, verificará facilmente que Jesus, quando fala desta nossa atual vida terrestre, costuma atribuir-lhe um valor decisivo para toda a existência posterior à morte; verificará ainda que Jesus insiste muito na importância culminante da hora da morte, advertindo-nos frequentemente de que devemos estar sempre prontos e preparados para prestar contas da nossa vida ao Juiz Divino, prometendo aos justos recompensa imediata depois do desenlace e contestando abertamente a possibilidade de arrependimento e perdão, uma vez passados os umbrais da eternidade; verificará ainda que Jesus desconhece quaisquer vagabundeias pelos espaços ou, como dizem os espíritas, na «erraticidade», para «progredir continuamente».

Já consideramos a parábola do pobre Lázaro e do rico epulão (Lc 16, 19-31). Nela não encontramos nenhuma perspectiva para novas encarnações, nem para Lázaro, nem para o epulão. Ao ladrão arrependido, crucificado ao lado de Jesus, o divino Salvador prometeu: *Hoje mesmo estarás comigo no paraíso* (Lc 23, 43). Naquele mesmo dia! Nada de purificar-se em sucessivas existências e de andar pela erraticidade. Desde que o homem se arrependa sinceramente dos pecados cometidos, por maiores que tenham sido, e receba o perdão divino, *entra no gozo do seu Senhor.*

Particularmente claro é São Paulo, fiel discípulo e zeloso Apóstolo de Jesus Cristo e que nos assegura ter recebido o seu evangelho diretamente de Jesus (Gl 1, 12). Eis o que escreve aos Hebreus: *Está decretado que o homem morra uma só vez, e depois disto virá o julgamento* (Hb 9, 27).

Morra uma só vez! Não mais vezes, não muitas vezes, não um número indefinido de vezes: uma só vez! É a afirmação explícita da unicidade da vida terrestre contra o princípio reencarnacionista da pluralidade das existência. É, em outras palavras, a condenação explícita da teoria da reencarnação.

Foi o que recentemente ensinou o Concílio Vaticano II na *Lumen Gentium,* n. 48: «Vigiemos constantemente, a fim de que, *terminado o único curso da nossa vida terrestre,* possamos entrar com Ele para as bodas e mereçamos ser contados com os benditos». Por isso diz ainda a Escritura: «A cada um, *no dia da sua morte,* o Senhor retribuirá, conforme as suas obras» (Ecl 11, 28).

Progresso contínuo?

Ensinou Jesus a lei do progresso irreprimível e universal para a perfeição? Para sermos claros e breves: há ou não há a possibilidade de condenação ao inferno? Esta é a questão.

Com absoluta unanimidade, os reencarnacionistas negam a doutrina cristã sobre o inferno. Todos sabem que a Igreja ensina a possibilidade de condenação eterna. Pondera Allan Kardec que «por este dogma a sorte das almas, irrevogavelmente fixada depois da morte, é, como tal, um travão definitivo aplicado ao progresso. Ora, a alma progride ou não? Eis a questão. Se progride, a eternidade das penas é impossível» (*O Céu e o Inferno,* 16.ª ed. p. 77).

Ele é enfático e propõe um claro dilema: «O dogma da eternidade absoluta das penas, é, portanto, incompatível com o progresso das almas, ao qual opõe uma barreira insuperável. Esses dois princípios destroem-se, e a condição indeclinável da existência de um é o aniquilamento do outro. Qual dos dois existe de fato? A lei do progresso é evidente: não é uma teoria, é um fato corroborado pela experiência; é uma lei da Natureza, divina, imprescritível. E, pois, se esta lei existe inconciliável com a outra, é porque a outra não existe» (ibp. 78).

Não será possível discutir aqui se a tal lei do progresso é compatível com o conceito de eternidade, nem pode ser este o lugar para um discurso sobre os problemas suscitados pela eternidade de um castigo. O que interessa no momento é o dilema proposto: ou admitimos a lei do progresso (e, portanto, a reencarnação), ou admitimos a possibilidade de condenação eterna (e, portanto, rejeitamos a reencarnação); os dois não podem coexistir: quem afirma a eternidade do inferno negará a reencarnação. Ora, não há dúvida de que Jesus de fato ensinou a eternidade das penas do inferno; logo, concluirá Allan Kardec, se quiser ser consequente, a mensagem de Jesus é incompatível com a filosofia da reencarnação.

Seria realmente prolixo citar aqui todos os textos dos quatro Evangelhos que os evangelistas colocam na boca do Divino Mestre e que nos falam do inferno. Basta lembrar que, no Juízo Final, a sentença definitiva sobre os maus será: *Apartai-vos de mim, malditos, para o fogo eterno preparado para o diabo e para seus anjos* (Mt 25, 46); e Jesus acrescenta que *estes irão para o castigo eterno, enquanto os justos irão para a vida eterna.*

Jesus estabelece um perfeito paralelo entre a sorte dos justos (que é de «vida eterna») e a dos maus (que é de «castigo eterno»): uma e outra são simplesmente «eternas». Se, pois, a vida «eterna» dos justos é sem fim, sem fim será também o castigo «eterno». Pois a mesma palavra, na mesma proposição e em igual contexto, deve ser tomada no mesmo sentido.

Redimir-se a si mesmo?

Ensinou Jesus a necessidade de conquistar a perfeição final por esforços e méritos pessoais?

O cerne da boa nova do Evangelho é precisamente este: Jesus, por sua vida, paixão, morte e ressurreição, reconciliou a humanidade com Deus, satisfazendo superabundantemente pelos pecados de todos os homens e de todos os tempos. A nossa redenção por Cristo é a medula da vida neotestamentária. Está em todas as páginas.

É a mensagem que os profetas predisseram e os anjos anunciaram na primeira noite de Natal; é a mensagem de João às margens do Jordão e na qual o próprio Jesus insistiu; é sobretudo a mensagem que os Apóstolos foram depois levar a todos os povos do mundo; é a mensagem mais cara que a Igreja nos conservou através dos séculos e que se tornou o símbolo do Brasil religioso e cristão: Cristo Redentor no alto do

Corcovado. *Ele é a vítima de expiação pelos nossos pecados. E não somente pelos nossos, mas também pelos de todo o mundo* (1 Jo 2, 2). *Vivo pela fé no Filho de Deus, que me amou e se entregou a si mesmo por mim* (Gl 2, 20).

Tal como a entendem os cristãos, a salvação não consiste apenas no perdão dos pecados, mas, e principalmente, na comunicação da vida divina ou, como dizia São Pedro, na *participação da natureza divina* (1 Pe 1, 4). Em virtude da redenção nos é oferecida a possibilidade de sermos filhos de Deus, *e se somos filhos, somos também herdeiros; herdeiros de Deus e coerdeiros de Cristo,* conclui São Paulo (Rm 8, 17).

Daí este ensinamento do Concílio Vaticano II que se recolhe no Decreto *Ad Gentes* (n. 8): «Ninguém por si só e com as próprias forças se liberta do pecado e se eleva acima de si próprio. Ninguém se desprende em definitivo de sua fraqueza, solidão ou servidão. Mas todos necessitam de Cristo exemplar, mestre, libertador, salvador, vivificador».

É a soteriologia cristã. A ela se opõe frontalmente a soteriologia reencarnacionista. Mas por isso mesmo deixa de ser cristã. O reencarnacionismo é visceralmente anticristão.

Independência do corpo?

Ensinou Jesus uma vida definitiva independente da matéria?

Seria a negação da doutrina cristã sobre a ressurreição dos mortos. «Creio na ressurreição da carne»: é a profissão de fé desde os tempos apostólicos. São outra vez unânimes os reencarnacionistas em negar a ressurreição.

Neste ponto, porém, a doutrina de Jesus também é clara e enfática: *Vem a hora em que todos os que repousam nos sepulcros ouvirão a voz do Filho do homem e sairão: os que tiverem feito o bem, para uma ressurreição de vida; os que tiverem feito o mal, para uma ressurreição de condenação* (Jo 5, 28-29). E mais adiante declara: *Quem come a minha carne e bebe o meu sangue tem a vida eterna e eu o ressuscitarei no último dia* (Jo 6, 54).

São Paulo dedica todo o longo capítulo 15 da primeira epístola aos Coríntios à defesa e explicação da ressurreição; e argumenta: *Se não há ressurreição dos mortos, também Cristo não ressuscitou. E se Cristo não ressuscitou, vazia é a nossa pregação, vazia é também a nossa fé* (1 Cor 15, 13-14).

Duas perguntas adicionais

Era João Batista a reencarnação de Elias?

Para provar que também Jesus era partidário das vidas sucessivas, Allan Kardec nos manda ver o Evangelho segundo São Mateus, capítulo 17, onde Jesus teria afirmado que João Batista era a reencarnação do profeta Elias.

Mas a argumentação espírita é confusa. É certo que havia alguma relação entre o intrépido João Batista, precursor da primeira vinda de Jesus e o corajoso profeta Elias, o anunciado precursor do segundo advento de Cristo.

Já o anjo que viera anunciar a Zacarias o nascimento de João explicara: *Ele caminhará à sua frente com o espírito e o poder de Elias* (Lc 1, 17).

Sabiam os fariseus e escribas que, segundo a profecia de Malaquias (4, 5), a vinda do Messias seria preparada por Elias. Ora, Jesus de Nazaré declarava ser o Messias: como era isso possível se Elias ainda não aparecera? Era a objeção que os fariseus alegavam contra a autenticidade da missão messiânica de Jesus (cf. Mt 17, 10).

Eles confundiam de fato as duas vindas do Messias: a primeira como Redentor e a segunda como Juiz. Malaquias profetizara a vinda de Elias «antes que venha o dia grande e terrível» do Juízo Final, referindo-se, pois, ao segundo advento de Cristo. O precursor da primeira vinda seria João Batista que, consoante as palavras do anjo, viria «com o espírito e o poder de Elias».

Daí dizer Jesus, para refutar a objeção dos fariseus e tranquilizar os discípulos: *Se quiserdes compreender, ele mesmo* (João Batista) *é Elias que deve vir. Quem tiver ouvidos, ouça* (Mt 11, 14-15). É uma afirmação enigmática. As palavras de Jesus têm no contexto o sentido de que o enviado de Deus que devia preceder a primeira vinda do Messias (e que os judeus confundiam com Elias), já apareceu. E o evangelista acrescenta: *Então compreenderam os Apóstolos que Jesus se referia a João Batista* (Mt 17, 13).

Por fim, diretamente interrogado por uma comissão de judeus se era Elias, o próprio João Batista respondeu categoricamente: *Não o sou* (Jo 1, 21), com o que ele mesmo, João Batista, dirimiu a questão.

E como entender o «nascer de novo»?

Citando João (3, 3), sustenta Allan Kardec que «as próprias palavras de Jesus não permitem dúvidas a tal respeito». O texto citado seria este: *Respondendo a Nicodemos, disse Jesus: Em verdade, em verdade te digo que, se um homem não nascer de novo, não poderá ver o reino de Deus.*

A tradução do texto grego, que é o original do Evangelho segundo São João, não é exata. No original grego temos a palavra *ánoothen,* que quer dizer: nascer do alto, e não: nascer de novo. A tradução exata deve ser: *Quem não nascer do alto não pode entrar no reino de Deus.*

Mas também Nicodemos não entendera bem a afirmação de Jesus e pediu maiores esclarecimentos. Jesus explica então o seu pensamento: *Em verdade te digo: quem não nascer da água e do Espírito, não pode entrar no reino de Deus. O que nasceu da carne é carne, o que nasceu do Espírito é espírito. Não te admires de eu te haver dito: deveis nascer do alto* (Jo 3, 5-7).

Para Jesus, portanto, *nascer do alto* é o mesmo que *nascer da água e do Espírito.* E isso não é reencarnação. Também em outros lugares a Sagrada Escritura nos fala desta necessidade de uma «nova» vida, da regeneração espiritual: *Renovai-vos, pois, no espírito do vosso entendimento, e vesti-vos do homem novo, criado segundo Deus na justiça e na santidade verdadeira* (Ef 4, 23-24). Noutra ocasião disse Jesus: *Se não vos converterdes e não vos fizerdes como crianças, não haveis de entrar no reino dos céus* (Mt 18, 3).

Por isso o sacramento do Batismo, instituído por Jesus Cristo (cf. Mt 28, 19; Mc 16, 16), mas negado pelos reencarnacionistas, foi sempre chamado de «sacramento da regeneração».

São Paulo nos explica muito bem esta doutrina cristã: *Também nós antigamente éramos insensatos, desobedientes, extraviados, escravos de toda sorte de paixões e de prazeres, vivendo em malícias e inveja, odiados pelos homens e odiando-nos uns aos outros. Mas quando a bondade e o amor de Deus, nosso Salvador, se manifestaram, ele salvou-nos, não por causa dos atos justos que houvéssemos praticado, mas porque, por sua misericórdia, fomos lavados pelo poder regenerador e renovador do Espírito Santo, que ele ricamente derramou sobre nós, por meio de Jesus Cristo, nosso Salvador, a fim de que fôssemos justificados pela sua graça, e nos tornássemos herdeiros da esperança da vida eterna* (Tt 2, 3-7).

Rico texto cristão, mas que não entra nas categorias reencarnacionistas.

Conclusão

Sustenta Allan Kardec que, «sem o princípio da preexistência da alma e da pluralidade das existências, são ininteligíveis, em sua maioria, as máximas do Evangelho».

Depois de tudo o que acabamos de ver, podemos inverter a frase e concluir: se admitimos a pluralidade das existências terrestres, a garantida salvação final de todos os seres racionais, a necessidades de conquistar a perfeição por esforços e méritos próprios e a vida espiritual definitivamente independente do corpo; se, em suma, admitimos o princípio da reencarnação, então, sim, seriam ininteligíveis, na sua maioria, as máximas do Evangelho.

A palavra «reencarnação» está prenhe de postulados, pressuposições, princípios e conclusões diretamente contrários à mensagem do Evangelho. Na verdade, seria difícil encontrar outro termo tão carregado de elementos opostos à doutrina cristã. Em um só vocábulo estão compreendidas as mais radicais heresias contra a fé cristã: reencarnação.

Por tudo isso o católico não aceita o espiritismo.

O ESPÍRITA PERANTE A IGREJA

Em 1953, a Conferência Nacional dos Bispos do Brasil reafirmou a determinação feita pelo Episcopado Nacional na Pastoral Coletiva de 1915, revista pelos Bispos em 1948 nestes termos:

«Os espíritas devem ser tratados, tanto no foro interno como no foro externo, como verdadeiros hereges e fautores de heresias, e não podem ser admitidos à recepção dos sacramentos, sem que antes reparem os escândalos dados, abjurem o espiritismo e façam a profissão de fé».

Segundo o novo Código de Direito Canônico (de 1983), «chama-se heresia a negação pertinaz, após a recepção do batismo, de qualquer verdade que se deve crer com fé divina e católica, ou a dúvida pertinaz a respeito dela» (cân. 751).

E no cânon 1364 § 1, a nova legislação eclesiástica determina que «o herege incorre automaticamente em excomunhão», isto é, deve ser excluído da recepção dos sacramentos (cân. 1331 § 1), não pode ser padrinho de batismo (cân. 874) nem de confirmação (cân. 892), e não lhe será lícito receber o sacramento do matrimônio sem licença especial do Bispo (cân. 1071) e sem as condições indicadas pelo cânon 1125. Também não pode ser membro de associação ou irmandade católica (cân. 316).

Ao compararmos a doutrina espírita com a mensagem cristã, vimos que o espiritismo de fato nega quase todo o Credo Apostólico. E quando analisamos a teoria da reencarnação, ficou claro que a palingenesia se opõe, em pontos essenciais, à pregação de Nosso Senhor Jesus Cristo, negando, principalmente, toda a soteriologia cristã.

É evidente, pois, que o católico, quando adota a doutrina espírita, se enquadra na descrição que o citado cânon 751 faz da heresia, cometendo um «delito contra a religião», segundo a terminologia do novo direito eclesiástico, e incorre na penalidade prevista pelo cânon 1364 § 1. Ou, falando mais exatamente: o católico que resolve tornar-se espírita, por esse fato, exclui-se a si mesmo da Igreja Católica, perdendo todos os direitos de católico.

Mas, na prática pastoral, a aplicação destas determinações jurídicas encontra a seguinte dificuldade: o vocáculo «espírita» é, de fato, entre nós, polivalente. Já Allan Kardec observava em suas *Obras Póstumas* (20.ª edição, p. 367s.):

«O qualificativo de espírita, aplicado sucessivamente a todos os graus de crença, comporta uma infinidade de matizes, desde o da simples crença nas manifestações, até as mais altas deduções morais e filosóficas; desde aquele que, detendo-se na superfície, não vê nas manifestações mais do que um passatempo, até aquele que procura a concordância dos seus princípios com as leis universais e a aplicação dos mesmos princípios aos interesses gerais da Humanidade; enfim, desde aquele que não vê nas manifestações senão um meio de exploração em proveito próprio, até o que haure delas elementos para seu próprio melhoramento moral. Dizer-se alguém espírita, mesmo espírita convicto, não indica, pois, de modo algum, a medida da crença, essa palavra exprime muito com relação a uns, e muito pouco, relativamente a outros. Uma assembleia para a qual se convocassem todos os que se dizem espíritas apresentaria um amálgama de opiniões divergentes, que não poderiam assimilar-se reciprocamente, e nada de sério chegaria a realizar, sem falar dos interessados a suscitarem no seu seio as discussões a que ela abrisse ensejo».

Mas, pondo de lado as ambiguidades, pode-se dizer que, segundo Allan Kardec, «espírita» é todo o espiritualista que admite a prática da evocação dos falecidos. Sobre esta base mínima podem constituir-se os mais variados sistemas doutrinários. Assim, são «espíritas» os adeptos do espiritismo anglo-saxão que não aceitam a doutrina da reencarnação, como são «espíritas» os que fazem das ideias reencarnacionistas o ponto central da sua filosofia. E porque os partidários da Umbanda praticam assiduamente a evocação dos falecidos (e, aliás, endossam a doutrina da metensomatose), também eles são «espíritas» verdadeiros, no sentido original em que Allan Kardec entendia o vocábulo por ele criado.

E como não existe nenhum nexo necessário entre a prática da evocação dos falecidos e a doutrina da reencarnação, é perfeitamente imaginável que alguém aceite e pratique a necromancia sem admitir a palingenesia, como é igualmente concebível que alguém adote a filosofia da pluralidade das existências sem endossar a prática da evocação das almas dos que morreram. Mas, a dimensão herética (isto é, negadora da doutrina de fé cristã) do espiritismo está principalmente na reencarnação. Pode-se admitir ainda que alguém professe sinceramente toda a doutrina cristã, tal como é proposta pela Igreja Católica, e ao mesmo tempo julgue ser possível e lícito evocar os falecidos.

Já é evidente que nem todos, embora se digam ou sejam chamados «espíritas», podem ou devem ser considerados ou tratados da mesma maneira. Há evidente necessidade de distinguir:

1.º Os que dirigem ou organizam o espiritismo (em qualquer de seus ramos) ou um centro espírita ou terreiro de Umbanda, e os que tomam parte ativa nas sessões (médiuns): são espíritas no sentido mais estrito do termo, valendo para eles a determinação do Episcopado nacional: «devem ser tratados como hereges». Mas esta norma se aplica apenas aos que antes eram ou diziam ser católicos.

O mesmo não vale para os que já nasceram num ambiente espírita e nele foram educados. Os espíritas convictos e coerentes já não fazem batizar os seus filhos, visto que, como lhes fez saber em 1952 o Conselho Federativo Nacional da Federação Espírita Brasileira, «o Espiritismo é religião sem ritos, sem liturgia e sem sacramentos». Por conseguinte, já não são nem cristãos e devem ser considerados e tratados como os demais adeptos de religiões não-cristãs.

2.º Os que se inscreveram como sócios em alguma entidade espírita. Os espíritas costumam controlar a fidelidade de seus sócios mediante caderneta individual, carimbada cada mês. Quem deixar de cumprir durante seis meses os seus deveres de sócio é excluído.

Segundo os *Preceitos Gerais,* publicados pela Federação Espírita Brasileira e válidos para todas as sociedades espíritas do Brasil, os sócios inscritos têm os seguintes deveres:

a) estudar a doutrina espírita (que aqui no Brasil é reencarnacionista);

b) frequentar regularmente as sessões de estudo da doutrina;

c) pagar pontualmente as suas contribuições pecuniárias.

Deve-se, pois, supor que todo o sócio de mais de seis meses, não é apenas necromante, mas também reencarnacionista e, como tal, herege, e assim há de ser tratado.

3.º Os que, embora não inscritos, frequentam habitualmente, por mais de seis meses, sessões para consultar os mortos, receber receitas ou passes, etc. As assim chamadas «sessões públicas de estudo» são franqueadas a todos indistintamente. Mas toda sessão desta espécie é doutrinária: nela se ensina e administra a doutrina espírita (reencarnacionista). Por conseguinte, quem por mais de mero ano assiste habitualmente a tais sessões, já não pode ser tido apenas como necromante, mas com razão é considerado adepto da doutrina reencarnacionista. Logo, é herege e deve ser tratado como tal.

4.º Os que esporadicamente vão às sessões para consultar os falecidos, receber passes, receitas etc., levados talvez pela necessidade (doença, tristeza pela morte de alguém da família, situação embaraçosa) ou a convite insistente de amigos, vizinhos, etc.

Supondo que não vão por mera curiosidade, eles não são necessariamente reencarnacionistas; são, todavia, necromantes ou «espíritas» no sentido lato do termo, tal como foi definido por Allan Kardec. Se admitem a reencarnação, são sem dúvida hereges e como tais deverão ser tratados.

Mas se não aceitam a pluralidade das existências, senão apenas a prática da evocação, serão também hereges?

A Santa Sé declarou que este tipo de práticas inclui um «engano inteiramente ilícito e *herético*» (em latim: «deceptio omnino illicita et haereticalis», cf. Dz 1653 e 1654). Neste documento, de 1856 (naqueles anos começava na França a prática da evocação dos falecidos), a Santa Sé repete por duas vezes ser pecado de *heresia* querer aplicar meios puramente naturais com o fim de obter efeitos não--naturais ou supranaturais. Por conseguinte, o espiritismo como evocação dos mortos, seja na forma de necromancia ou de magia, já é herético e, aliás, puro «engano».

É preciso atender bem a este particular: estas práticas da evocação são rejeitadas não apenas como ilícitas (nisto está o pecado, pois, como vimos, a evocação é um ato severamente interditado por Deus) ou contra a moral, mas também como *heréticas* ou contrárias à fé cristã. A heresia está na suposição de se poderem produzir efeitos não naturais com meios naturais.

5.º Os que vão de quando em quando às sessões espíritas por motivo de estudo ou divertimento ou de mera curiosidade. A suposição é que não são reencarnacionistas, nem querem praticar a evocação. Podemos dividi-los em duas categorias:

a) Os que fazem isso sem nenhuma licença: não são espíritas (é a suposição), mas praticam um ato ilícito e expressamente proibido pela Igreja, pois pelo Decreto de 24 de abril de 1917 declarava a Santa Sé ser ilícito «assistir a sessões ou manifestações espiritistas, sejam elas realizadas ou não com o auxílio de um médium, com ou sem hipnotismo, sejam quais forem estas sessões ou manifestações, mesmo que aparentemente simulem honestidade ou piedade; quer interrogando almas ou espíritos, ou ouvindo-lhes as respostas, quer assistindo a elas com o pretexto tácito ou expresso de não querer ter qualquer relação com espíritos malignos».

b) Os que fazem isso devidamente autorizados. Bons moralistas interpretam a citada decisão de 1917 de tal maneira que pode ser dispensada, em casos particulares, em favor de médicos, sociólogos ou outros estudiosos que vão, não por curiosidade, não apenas para ver, mas para estudar. Excluída, pois, toda a evocação e com a condição de que não ocorra perigo nenhum de perversão própria, nem de escândalo para outros, poderia o Bispo permitir a assistência.

6.º Os que nunca assistem às sessões, mas por qualquer motivo ajudam moral ou materialmente na construção ou manutenção de obras e empresas espíritas. São os fautores do espiritismo no Brasil. Tal cooperação consciente seria ilícita. É evidente, porém, que não devem ser tratados como espíritas ou hereges e sim como «fautores de heresia», conceito que já não ocorre na nova legislação canônica, mas que nem por isso deixa de ter o seu valor.

7.º Os que assistem às sessões ou apoiam moral ou materialmente o espiritismo por ignorância. No Brasil, são muitos. Devem ser tratados como ignorantes, isto é: devem ser instruídos. O presente livrinho foi escrito também com este objetivo.

8.º Os que não querem praticar nem a necromancia nem a magia, não assistem às sessões espíritas, mas professam a doutrina da reencarnação, como os esoteristas, rosacruzes, teósofos e outros ocultistas. São hereges formais e como tais devem ser tratados.

CARIDADE E FÉ

Diante da severidade da Igreja em preservar a pureza da doutrina cristã e punir os delitos contra a fé, surge espontaneamente a pergunta: Por que tanto rigor? Não basta a caridade?

Para conservarem as aparências cristãs e se acobertarem sob o manto cristão, os espíritas repetem as palavras de Jesus sobre a caridade e proclamam o princípio: «Fora da caridade não há salvação». É sem dúvida certo: sem a caridade cristã, não há salvação; e quem não tiver a caridade, não é verdadeiro discípulo de Jesus Cristo. E a

Igreja seguramente não condenou o espiritismo por causa deste princípio.

A Igreja Católica tem sido sempre e ainda hoje continua sendo a pregoeira máxima da caridade cristã. É preciso ter os olhos cegos pelo fanatismo para não vê-lo. Quem poderá contar as instituições de caridade mantidas, dirigidas ou inspiradas pela Igreja em todo o mundo? Quem poderá contar os inúmeros católicos que se dedicam exclusiva e totalmente à caridade? Os maiores heróis da caridade, mesmo aqueles apregoados pelos espíritas, como um São Francisco de Assis ou um Santo Antônio de Lisboa (ou Pádua), eram santos catolicíssimos.

O erro dos espíritas não consiste na pregação da caridade (nisso, pelo contrário, eles são dignos de aplauso e louvor); seu erro está em dizer que basta a caridade somente. Jesus Cristo nunca ensinou isso. Pois Jesus, o Evangelista da caridade, foi também o Evangelista da fé. A sua doutrina não é apenas moral. São Marcos nos refere as últimas e solenes palavras de Jesus, dirigidas aos Apóstolos pouco antes da sua ascensão ao céu: *Ide por todo o mundo, proclamai o Evangelho a toda a criatura. Aquele que crer e for batizado será salvo; o que não crer será condenado* (Mc 16, 15-16).

Quem não crer será condenado! São também palavras de Jesus. E em São Mateus damos com estas outras palavras de Jesus, não menos solenes e formais: *Toda a autoridade sobre o céu e sobre a terra me foi entregue. Ide, portanto, e fazei que todas as nações se tornem discípulos, batizando-as em nome do Pai, do Filho e do Espírito Santo e ensinando-as a observar tudo quanto vos ordenei. E eis que eu estou convosco todos os dias até a consumação dos séculos* (Mt 28, 18-20).

Instruídos por Cristo e fortalecidos pelo Espírito Santo, os Apóstolos saíram a pregar. Advertidos por Jesus, eles sabiam que o inimigo tudo faria para dispersar a grei que o Senhor queria *una;* alertados por Cristo, previam que os lobos viriam vestidos em pele de ovelha e que o anjo das trevas se apresentaria lisonjeiro como anjo da luz; prevenidos pelo divino Mestre, sabiam que o «homem inimigo» aproveitaria as sombras da noite e a desprevenção dos homens que dormem para espargir o erro e a discórdia.

Por isso conservaram-se vigilantes e enérgicos.

E quando, por exemplo, na nóvel comunidade dos Gálatas se infiltrou o erro dos judaizantes, São Paulo não hesitou: *Ainda que nós mesmos ou um anjo do céu vos anunciem um evangelho diferente do que vos anunciamos, seja anátema. Como já vo-lo disse, volto a dizê-lo agora: se alguém vos anunciar um evangelho diferente do que recebestes, seja anátema* (Gl 1, 8-9).

E ao despedir-se da Ásia Menor, em Mileto, o que mais pesava em sua alma era a previsão dos primeiros vestígios de gnosticismo, de um sincretismo de seitas judaístas, de filosofias helenistas e de religiões de mistérios que rebaixavam Jesus Cristo a um dos espíritos cujo culto propagavam; e implora então os presbíteros responsáveis: *Sede solícitos por vós mesmos e por todo rebanho, do qual o Espírito Santo vos estabeleceu guias para apascentar a Igreja de Deus, que ele adquiriu para si pelo sangue do seu próprio Filho. Eu sei que, depois da minha partida, introduzir-se-ão entre vós lobos cruéis que não pouparão o rebanho, e que no, meio de vós surgirão homens que farão discursos perversos com a finalidade de arrastar discípulos atrás de si. Por isso sede vigilantes, lembrando-vos de que durante três anos, dia e noite, não cessei de exortar com lágrimas a cada um de vós* (At 20, 28-31).

Igual solicitude pela pureza da fé encontramos nas cartas aos Efésios, aos Colossenses e, sobretudo, nas cartas pastorais a Tito e Timóteo. Assim escreve a seu colaborador Timóteo: *Eu te conjuro, diante de Deus e de Cristo Jesus, que há de vir julgar os vivos e os mortos, pela sua aparição e por seu Reino: proclama a palavra, insiste, no tempo oportuno e no importuno, refuta, ameaça, exorta com toda a paciência e doutrina. Pois virá um tempo em que alguns não suportarão a sã doutrina; pelo contrário, segundo os seus próprios desejos, como que sentindo comichão nos ouvidos, se rodearão de mestres. Desviarão os seus ouvidos da verdade, orientando-os para as fábulas* (2 Tm 4, 1-4).

E a Tito recomenda: *Depois de uma primeira e de uma segunda admoestação, nada mais tens a fazer com um homem faccioso, pois é sabido que um homem assim se perverteu e se entregou ao pecado, condenando-se a si mesmo*

(Tt 3, 10-11). O mesmo modo inexorável de tratar os hereges nos é recomendado por São Judas Tadeu e também pelo «discípulo do amor», São João, que chega até a proibir qualquer relação com eles: *Não o recebais em vossa casa nem o saudeis. Aquele que o saúda participa de suas obras más* (2 Jo 10).

Foi neste mesmo espírito de apostólico zelo que os nossos Bispos denunciaram a heresia do espiritismo, para conservar no nosso povo não apenas a caridade, que é necessária e deve incendiar todos os corações cristãos, mas também a fé, ensinando-os a observar *tudo* o que Cristo ensinou e mandou. Pois *quem não crer será condenado* (Mc 16, 16) e *sem fé é impossível agradar a Deus* (Hb 11, 6).

Sejamos, pois, integralmente cristãos. Sigamos a Cristo, Evangelista da caridade; mas sigamos também a Cristo, Evangelista da fé. Caridade ardente e fé inabalável: eis as duas asas com que nos alçaremos ao céu, *para tomar posse do reino que nos está preparado desde o princípio do mundo* (Mt 25, 34).

No nosso empenho de conservar e defender a pureza da fé devemos sempre distinguir entre a heresia e o herege, entre o pecado e o pecador. O erro ou o pecado são dados objetivos acerca dos quais a Igreja pode julgar e deve manter uma atitude firme e intransigente. O herege ou o pecador são pessoas subjetivas sobre as quais não devemos julgar (cf. Mt 7, 1; Rm 2, 1-2; 1 Cor 4, 5).

Quem mata, rouba, comete adultério ou pratica a evocação dos falecidos, pratica algo que, objetivamente, está errado. Diante de tais pessoas, porém, a caridade cristã nos impõe o dever de ajudá-las mediante o esclarecimento, socorrê-las fazendo-lhes ver que procedem mal, orientá-las para a verdade e a virtude, instruí-las com o conhecimento da vontade divina, reintegrá-las no convívio humano e conduzi-las a Deus e ao seu Reinado.

Seremos então sem dúvida intransigentes em denunciar o que está errado ou anunciar o que é pecaminoso; ao mesmo tempo, porém, seremos compreensivos, tolerantes, bondosos e caridosos para com aqueles que se desviaram ou pecaram. Colocado diante da adúltera (cf. Jo 8, 2-11), Jesus condenou o adultério *(«não peques mais»)*, mas poupou a pecadora *(«nem eu te condeno»)*.

Ao escrever estas páginas não era minha intenção pronunciar um veredito sobre os espíritas, mas sobre o espiritismo, isto é, sobre a heresia da reencarnação e o pecado da evocação. Tomei certamente uma atitude clara e firme ao recordar o mandamento divino que proíbe a evocação e a doutrina cristã que se opõe à reencarnação. Não cumpriria o meu dever profético de pastor se ficasse omisso ou calado diante da difusão do erro e da prática do pecado. Mas tenho outrossim a obrigação pastoral de procurar a ovelha extraviada (cf. Lc 15, 4-7) e de ir ao encontro do filho pródigo (cf. Lc 15, 11-32). Saiba o católico que se fez espírita, qualquer que tenha sido o motivo, que a casa por ele abandonada continua aberta à sua disposição. A própria firmeza na fé nos conduz necessariamente à bondade no amor.

Direção geral
Renata Ferlin Sugai

Direção editorial
Hugo Langone

Produção editorial
Juliana Amato
Gabriela Haeitmann
Ronaldo Vasconcelos

Capa
Provazi Design

Diagramação
Sérgio Ramalho

ESTE LIVRO ACABOU DE SE IMPRIMIR
A 27 DE NOVEMBRO DE 2023,
EM PAPEL OFFSET 75 g/m^2.